AF195008

Impressum
Verlag: BABADADA GmbH, Nedderfeld 112 , 22529 Hamburg
Geschäftsführer / Verlagsleitung: Harald Hof
Druck: Books on Demand GmbH, In de Tarpen 42, 22848 Norderstedt

Imprint
Publisher: BABADADA GmbH, Nedderfeld 112 , 22529 Hamburg, Germany
Managing Director / Publishing direction: Harald Hof
Print: Books on Demand GmbH, In de Tarpen 42, 22848 Norderstedt

學校

paaralan

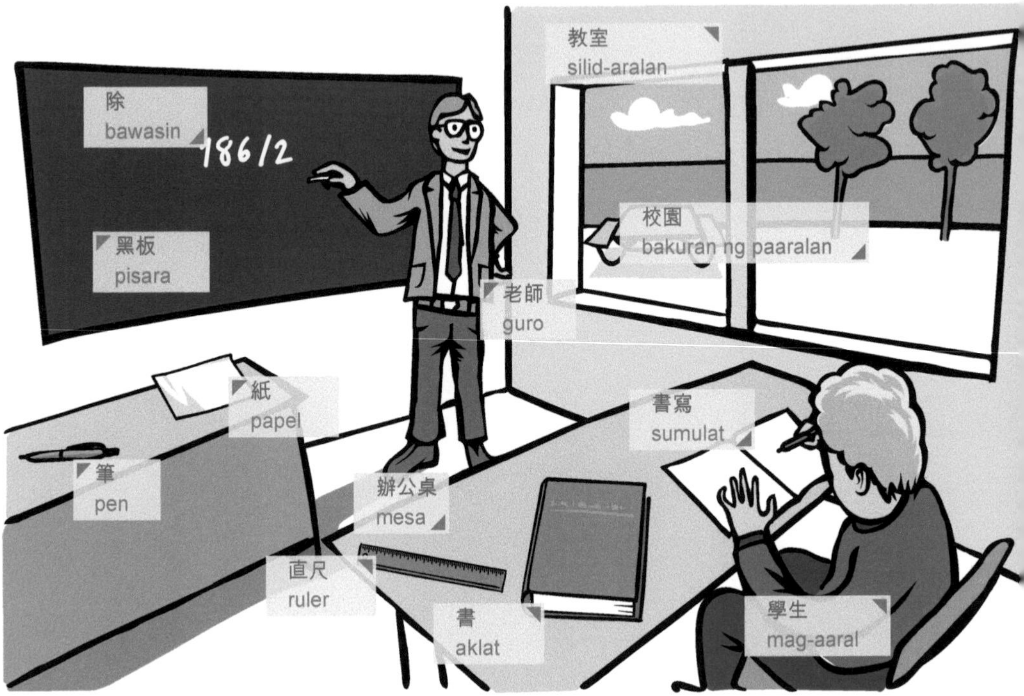

除
bawasin
186/2
黑板
pisara
教室
silid-aralan
校園
bakuran ng paaralan
老師
guro
紙
papel
書寫
sumulat
筆
pen
辦公桌
mesa
直尺
ruler
書
aklat
學生
mag-aaral

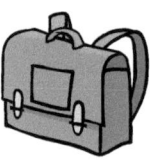

書包

satchel

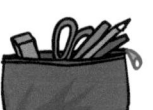

鉛筆盒

lalagyan ng lapis

鉛筆

lapis

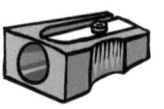

削鉛筆機

pantasa

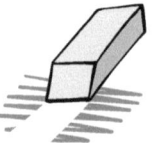

橡皮擦

goma

畫板

drowing pad

圖畫
drowing

畫筆
pinsel na pampinta

顏料盒
kahon ng pinta

剪刀
gunting

膠水
pandikit

練習冊
aklat para sa pagsasanay

家庭作業
takdang-aralin

數字
numero

加
dagdagan

減
bawasin

乘
paramihin

計算
kalkulahin

字母
liham

字母表
alpabeto

字
salita

課文
teksto

讀
basahin

粉筆
yeso

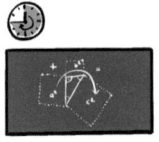

上課
leksyon

登記
rehistro

考試
eksaminasyon

證書
sertipiko

校服
uniporme sa paaralan

教育
edukasyon

百科全書
encyclopedia

大學
unibersidad

顯微鏡
mikroskopyo

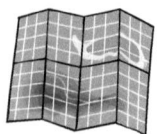

地圖
mapa

廢紙簍
basurahan ng papel

旅行
paglalakbay

飯店
hotel
Grand
青年旅社
hostel
ROOMS
外幣兌換處
tanggapan ng palitan ng pera
手提箱
maleta
汽車
kotse

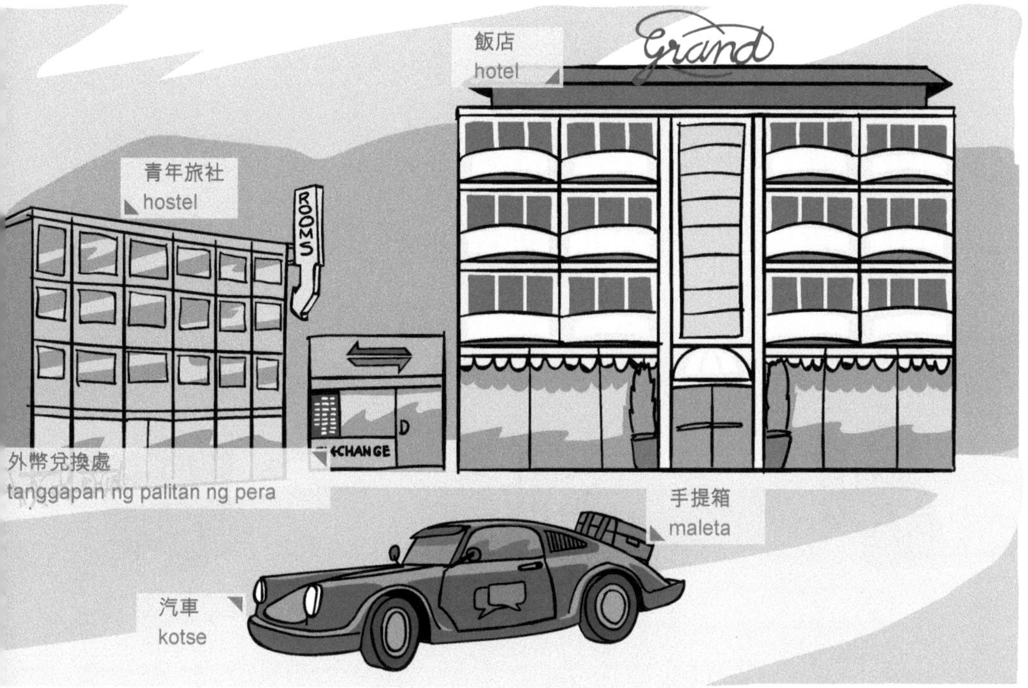

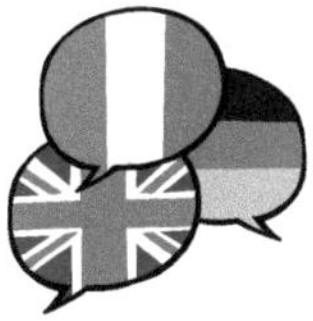

語言

wika

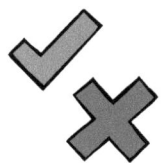

是/否

oo / hindi

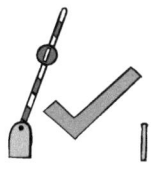

好的

Okey

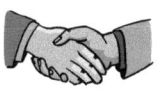

您好

kumusta

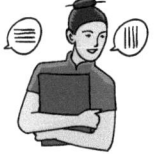

翻譯人員

tagapagsalin

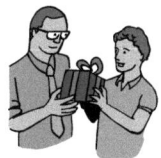

謝謝

Salamat

……多少錢？

magkano ang…?

我不明白

Hindi ko maintindihan

問題

problema

晚上好！

Magandang gabi!

早上好！

Magandang umaga!

晚安！

Magandang gabi!

再見

paalam

方向

direksyon

行李

bahage

包

bag

背包

napsak

客人

panauhin

房間

silid

睡袋

sakong tulugan

帳篷

tolda

旅行資訊

impormasyon ng turista

海灘

dalampasigan

信用卡

credit card

早餐

almusal

午餐

tanghalian

晚餐

hapunan

票

tiket

電梯

elebeytor

郵票

selyo

邊界

hangganan

海關

adwana

大使館

embahada

簽證

visa

護照

pasaporte

交通運送

transportasyon

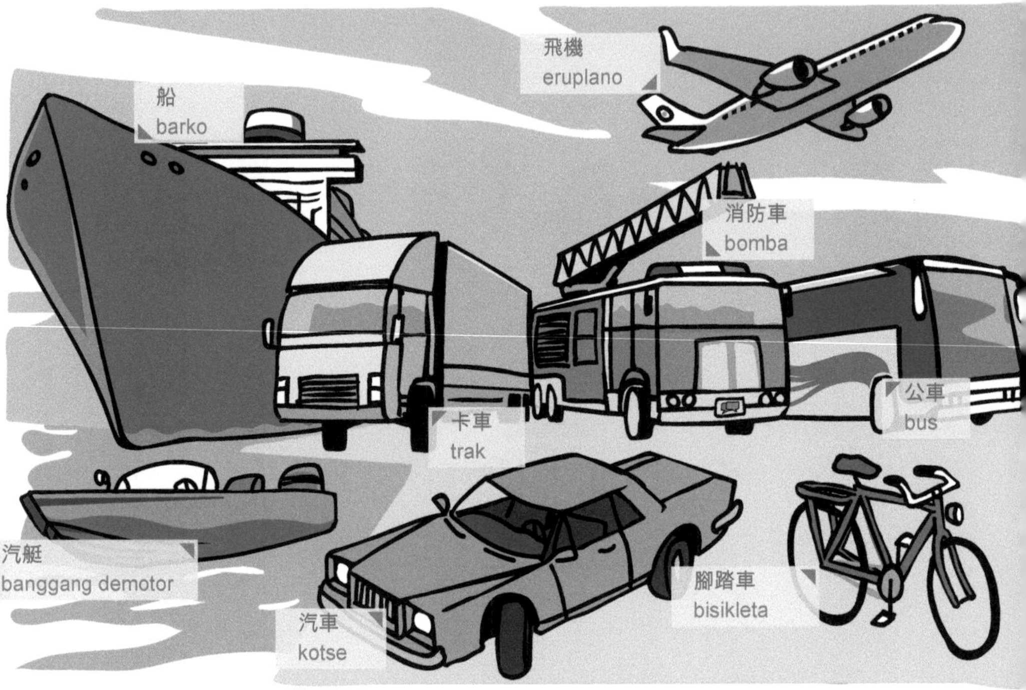

飛機
eruplano
船
barko
消防車
bomba
公車
bus
卡車
trak
汽艇
banggang demotor
腳踏車
bisikleta
汽車
kotse

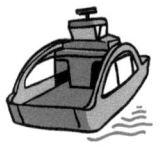

渡輪

lantsang pantawid

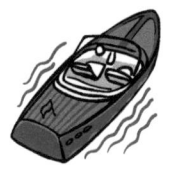

小船

bangka

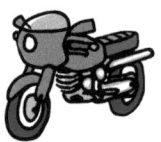

機車

motorsiklo

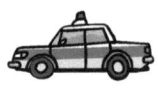

警車

sasakyan ng pulis

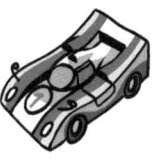

賽車

kotseng pangkarera

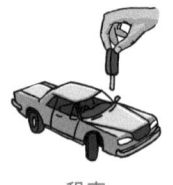

租車

nirerentahang kotse

拼車

car sharing

拖車

trak na panghila

垃圾車

trak na pantapon ng basura

馬達

motor

汽油

panggatong

加油站

gasolinahan

交通標識

karatula ng trapiko

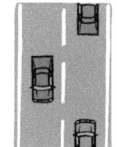

交通

trapiko

交通堵塞

masikip na trapiko

停車場

paradahan ng kotse

火車站

estasyon ng tren

軌道

riles

火車

tren

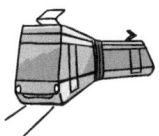

路面電車

trambya

客車廂

wagon

直升機

helikopter

機場

paliparan

塔

tore

乘客

pasahero

集裝箱

sisidlan

紙板箱

karton

手推車

kariton

籃子

basket

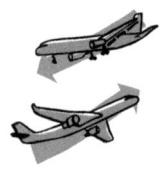

起飛/降落

umalis / lumapag

城市

lungsod

村莊

nayon

市中心

sentro ng lungsod

房子

bahay

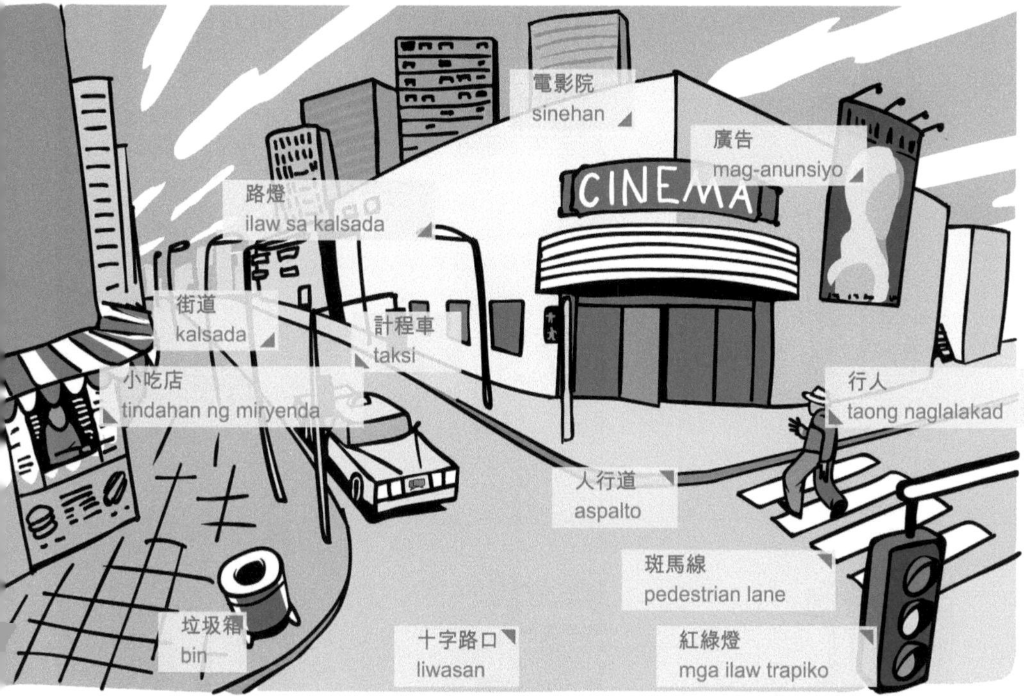

電影院
sinehan
廣告
mag-anunsiyo
CINEMA
路燈
ilaw sa kalsada
街道
kalsada
計程車
taksi
小吃店
tindahan ng miryenda
行人
taong naglalakad
人行道
aspalto
斑馬線
pedestrian lane
垃圾箱
bin
十字路口
liwasan
紅綠燈
mga ilaw trapiko

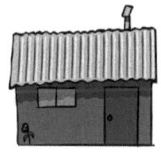

小屋

kubo

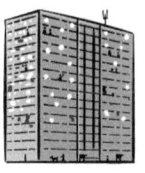

公寓

patag

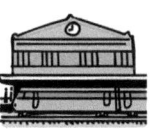

火車站

estasyon ng tren

市政廳

munisipyo

MUSEUM

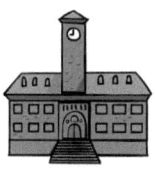

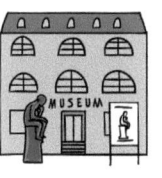

博物館

museo

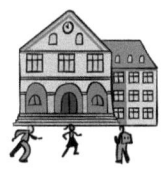

學校

paaralan

大學
unibersidad

銀行
bangko

醫院
ospital

飯店
hotel

藥房
parmasya

辦公室
opisina

書店
tindahan ng aklat

商店
tindahan

花店
tindahan ng bulaklak

超市
supermarket

市場
palengke

百貨商店
department store

魚店
tindahan ng isda

購物中心
sentrong pamilihan

海港
daungan

公園
parke

長凳
bangko

橋
tulay

樓梯
hagdan

捷運
underground

隧道
tunel

公車站
hintuan ng bus

酒吧
bar

餐館
restawran

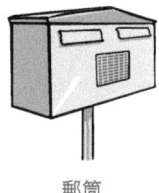

郵筒
kahon ng koreo

路標
karatula sa kalsada

停車計時器
metro ng paradahan

動物園
zoo

游泳池
swimming pool

清真寺
moske

農場

bukid

污染

polusyon

墓地

libingan

教堂

simbahan

操場

palaruan

寺廟

templo

地形

tanawin

樹葉
dahon

指示牌
posteng pananda

路
daan

草地
parang

石頭
bato

樹
kahoy

徒步旅行者
hiker

河
ilog

草
damo

花
bulaklak

峽谷
lambak

丘陵
burol

湖
look

森林
kagubatan

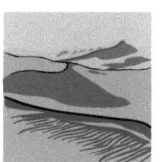

沙漠
disyerto

火山
bulkan

城堡
kastilyo

彩虹
bahaghari

蘑菇
kabute

棕櫚樹
palmera

蚊子
lamok

蒼蠅
langaw

螞蟻
langgam

蜜蜂
bubuyog

蜘蛛
gagamba

甲蟲
salagubang

青蛙
palaka

松鼠
ardilya

刺蝟
parkupino

野兔
liyebre

貓頭鷹
kuwago

鳥
ibon

天鵝
sisne

野豬
bulugan

鹿
usa

麋鹿
moose

水壩
dam

風力發電機
turbina ng hangin

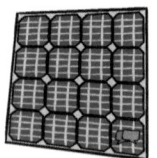

太陽能電池板
solar panel

氣候
klima

餐館

restawran

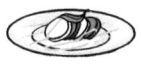

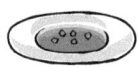

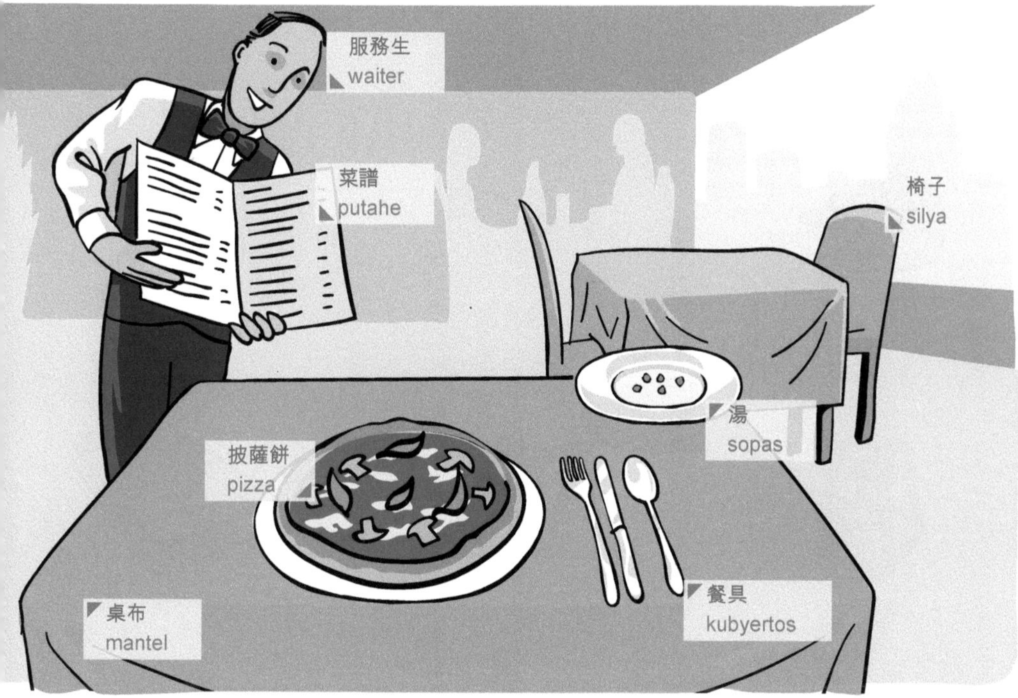
服務生
waiter
菜譜
putahe
椅子
silya
湯
sopas
披薩餅
pizza
桌布
mantel
餐具
kubyertos

前菜

panimula

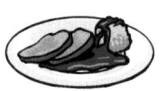

主菜

pangunahing pagkain

甜點

panghimagas

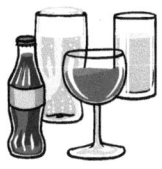

飲料

inumin

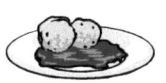

食物

pagkain

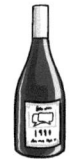

瓶子

bote

速食

fastfood

街邊小吃

pagkaing kalye

茶壺

tsarera

糖盒

panutsa

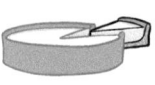

一份飯菜

bahagi

義式咖啡機

espresso machine

高腳椅

mataas na upuan

帳單

bayarin

托盤

bandehado

刀

kutsilyo

餐叉

tinidor

勺子

kutsara

茶匙

kutsarita

餐巾

serviette

玻璃杯

baso

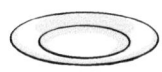

碟子

pinggan

湯盤

platong pansopas

碟子

platito

醬

sawsawan

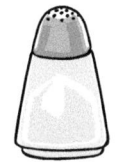

鹽瓶

pangkalog ng asin

胡椒研磨罐

panggiling ng paminta

醋

suka

食用油

langis

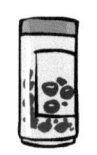

調味料

pampalasa

番茄醬

ketsup

芥末

mustasa

美乃滋

mayonnaise

超市

supermarket

特價
espesyal na alok
FOR
顧客
kustomer
乳製品
produktong mantikilya
水果
prutas
購物車
troli

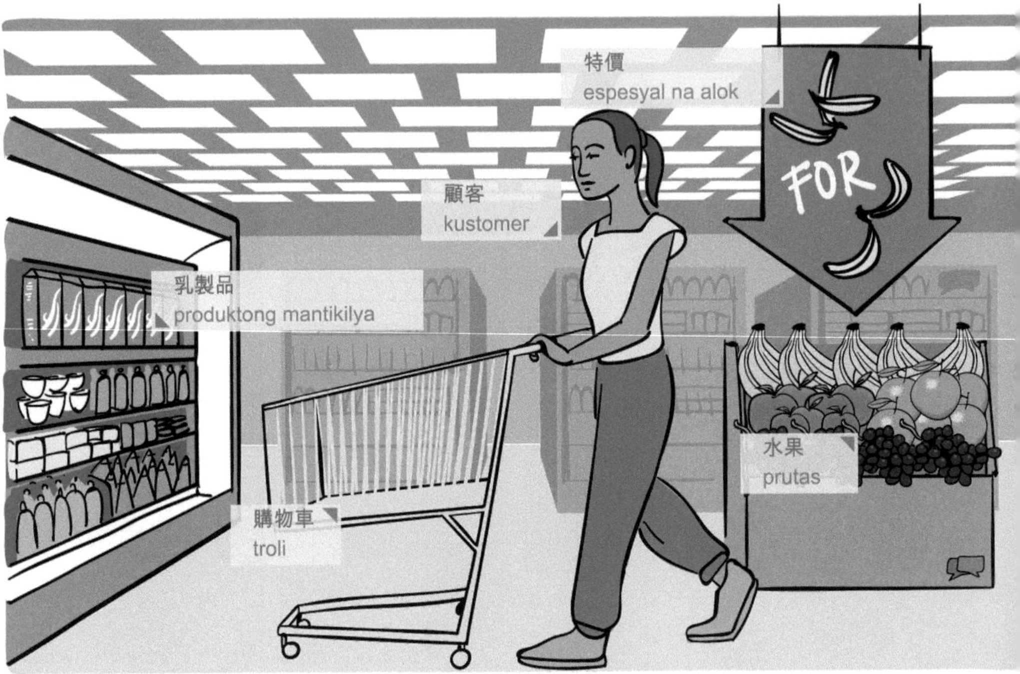

BUTCHERS

肉鋪

butser

BAKERY

麵包店

panaderya

稱重

timbang

蔬菜

mga gulay

肉

karne

冷凍食品

pinalamig na pagkain

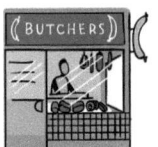

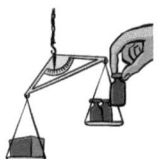

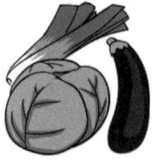

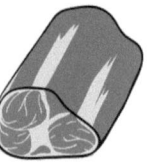

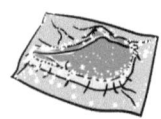

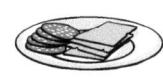

冷盤

malamig na karne

罐頭食品

delatang pagkain

洗衣粉

pulbos na panlaba

甜食

matatamis

日用品

mga produktong pambahay

清潔用品

mga produktong panlinis

銷售員

tindera

收銀機

cash register

收銀員

kahera

購物清單

listahan ng pinamili

開放時間

oras ng pagbubukas

錢包

pitaka

信用卡

credit card

袋子

bag

塑膠袋

plastik bag

水

tubig

果汁

juice

牛奶

gatas

可樂

coke

紅酒

alak

啤酒

serbesa

酒

alak

可可

kakaw

茶

tsaa

咖啡

kape

義式濃縮咖啡

espresso

卡布奇諾

cappuccino

香蕉

saging

蘋果

mansanas

柳丁

kahel

西瓜

melon

檸檬

limon

胡蘿蔔

carrot

大蒜

bawang

竹子

kawayan

洋蔥

sibuyas

蘑菇

kabute

堅果

mani

麵條

noodles

義大利麵

spaghetti

米飯

bigas

沙拉

ensalada

薯條

chips

炸馬鈴薯

pritong patatas

披薩餅

pizza

漢堡

hamburger

三明治

sandwich

炸豬排

piraso ng karneng walang buto

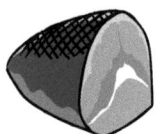

火腿

hamon

義大利臘腸

salami

香腸

tsoriso

雞肉

manok

烤肉

inihaw

魚

isda

燕麥片

mga porridge oat

木斯里

muesli

玉米片

cornflakes

麵粉

harina

牛角麵包

croissant

麵包捲

rolyong tinapay

麵包

tinapay

吐司

tostado

餅乾

biskuwit

奶油

mantikilya

凝乳

keso

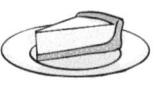

蛋糕

keyk

蛋

itlog

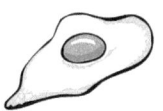

煎蛋

pritong itlog

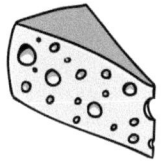

起司

keso

冰淇淋

sorbetes

糖

asukal

蜂蜜

pulot

果醬

jam

巧克力醬

tsokolateng pinapahid

咖哩

curry

農場
bukid

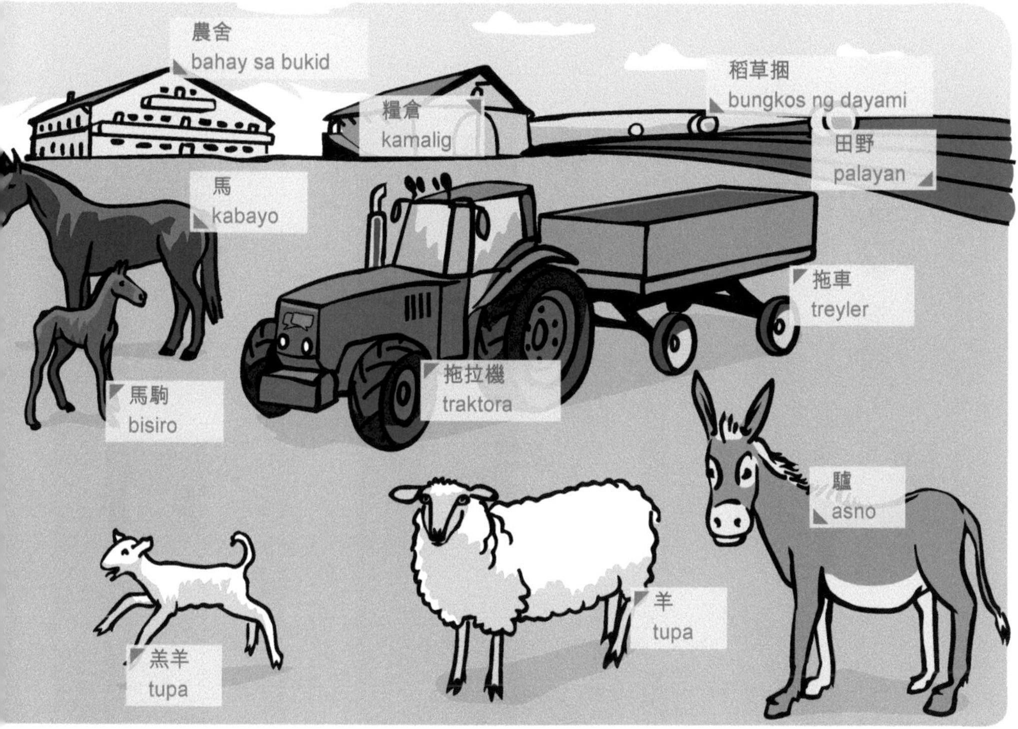
農舍
bahay sa bukid
糧倉
kamalig
稻草捆
bungkos ng dayami
田野
palayan
馬
kabayo
拖車
treyler
拖拉機
traktora
馬駒
bisiro
驢
asno
羊
tupa
羔羊
tupa

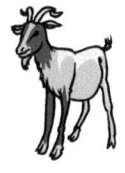

山羊

kambing

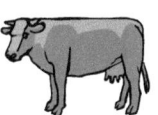

奶牛

baka

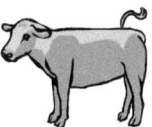

小牛

guya

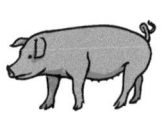

豬

baboy

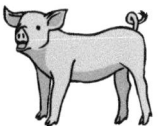

小豬

biik

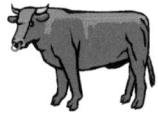

公牛

toro

鵝

gansa

鴨

pato

小雞

sisiw

母雞

inahin

公雞

katyaw

鼠

daga

貓

pusa

老鼠

daga

牛

kapong baka

狗

aso

狗屋

bahay ng aso

花園澆水軟管

hose sa hardin

澆水壺

latang pandilig

長柄大鐮刀

haras

犁

araro

鐮刀
karit

鋤頭
asarol

長柄草耙
tuhugin

斧頭
palakol

獨輪手推車
karitela

飼料槽
sabsaban

牛奶罐
lata ng gatas

麻布袋
sako

柵欄
bakod

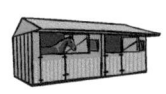

馬廄
kuwadra

溫室
punlaan

土壤
lupa

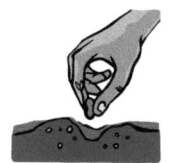

種子
buto

肥料
pataba

聯合收割機
combine harvester

收割
mag-ani

收割
ani

地瓜
yams

小麥
trigo

大豆
soya

土豆
patatas

玉米
mais

油菜籽
rapeseed

果樹
kahoy na namumunga

樹薯
kamoteng kahoy

穀物
siryal

房子
bahay

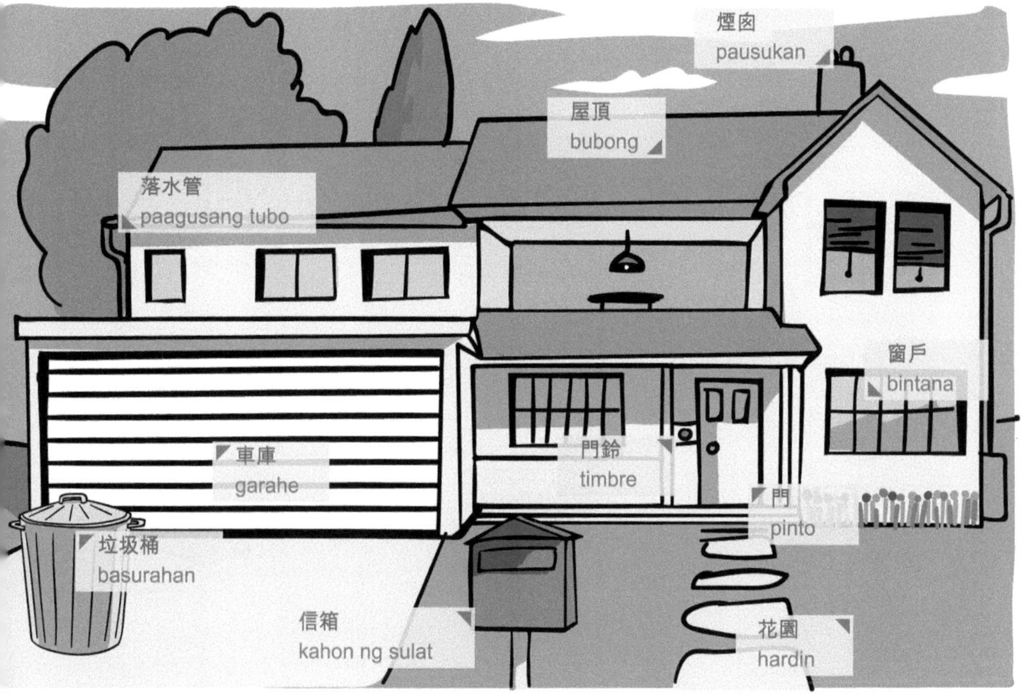

煙囪
pausukan
屋頂
bubong
落水管
paagusang tubo
窗戶
bintana
車庫
garahe
門鈴
timbre
門
pinto
垃圾桶
basurahan
信箱
kahon ng sulat
花園
hardin

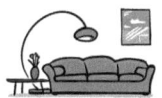

客廳

salas

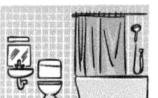

浴室

palikuran

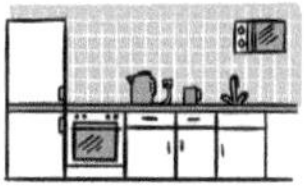

廚房

kusina

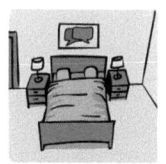

臥室

silid-tulugan

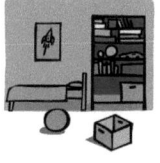

兒童房

silid ng bata

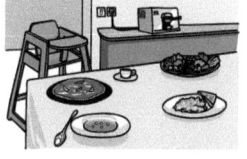

餐廳

hapag-kainan

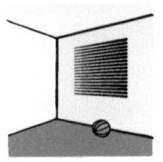

地板
sahig

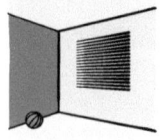

牆壁
pader

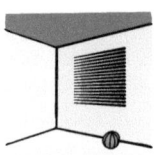

天花板
kisame

地窖
bodega ng alak

三溫暖
sauna

陽臺
balkonahe

露臺
terasa

游泳池
pool

割草機
pamputol ng damo

被單
piraso ng papel

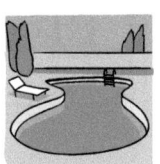

床罩
kobrekama

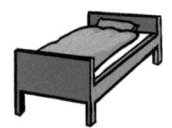

床
higaan

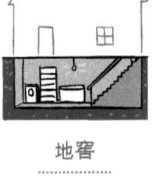

掃帚
walis

水桶
timba

開關
pindutan

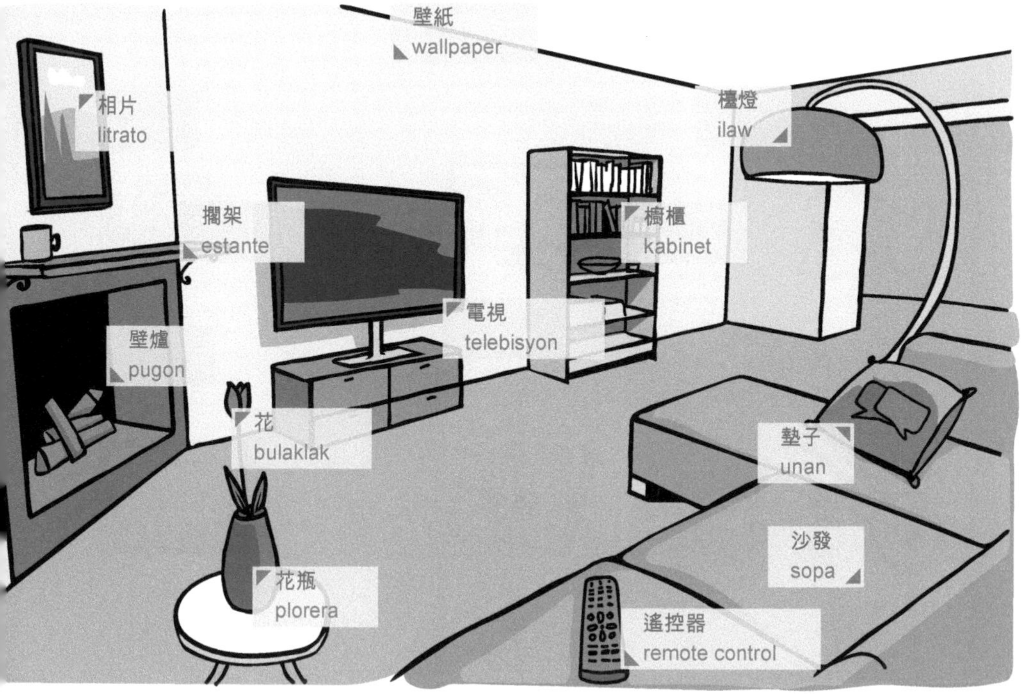

壁紙
wallpaper

相片
litrato

檯燈
ilaw

擱架
estante

櫥櫃
kabinet

壁爐
pugon

電視
telebisyon

花
bulaklak

墊子
unan

沙發
sopa

花瓶
plorera

遙控器
remote control

地毯
karpet

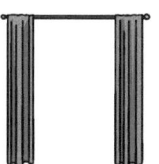

窗簾
kurtina

餐桌
mesa

椅子
silya

搖椅
tumba-tumba

扶手椅
sandalan

書
aklat

毯子
kumot

裝飾品
dekorasyon

木柴
kahoy na panggatong

電影
pelikula

高傳真音響
hi-fi

鑰匙
susi

報紙
dyaryo

油畫
pinta

海報
poster

收音機
radyo

筆記本
kuwaderno

吸塵器
vacuum cleaner

仙人掌
kaktus

蠟燭
kandila

廚房
kusina

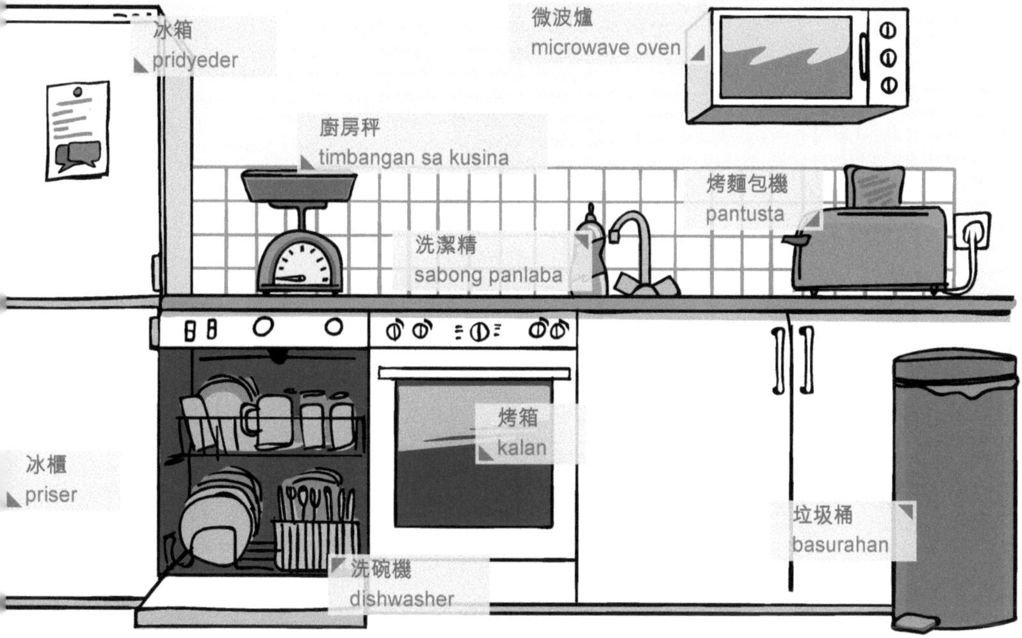

冰箱
pridyeder
微波爐
microwave oven
廚房秤
timbangan sa kusina
烤麵包機
pantusta
洗潔精
sabong panlaba
烤箱
kalan
冰櫃
priser
垃圾桶
basurahan
洗碗機
dishwasher

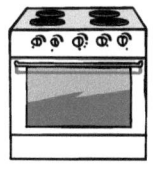

炊具

lutuan

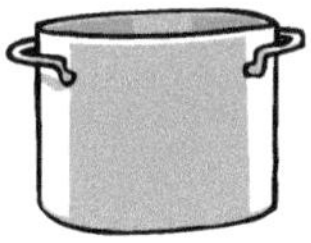

鍋

kaldero

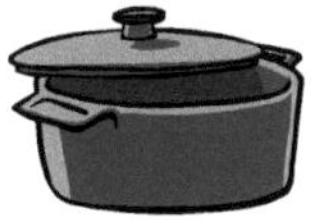

鑄鐵鍋

kalderong bakal

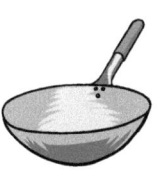

炒鍋

wok / kadai

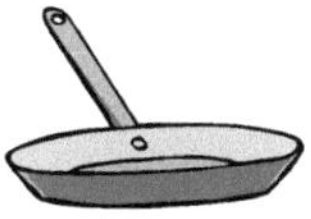

平底鍋

kawali

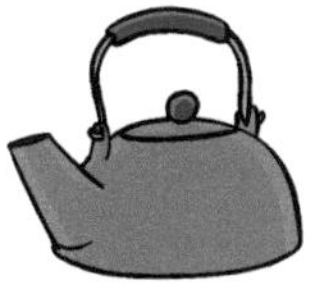

水壺

takore

蒸鍋

pasingawan

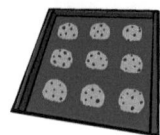

烤盤

bandehado sa paghuhurno

陶瓷鍋

babasagin

馬克杯

mug

碗

mangkok

筷子

sipit ng intsik

長柄勺

sandok

鏟子

spatula

攪拌器

pampalis

濾網

pansala

篩子

salaan

磨碎機

pangkayod

研缽

almires

燒烤

barbikyo

明火

siga

菜板
tadtaran

擀麵杖
rodilyo

開瓶器
tribuson

罐子
lata

開罐器
pambukas ng lata

隔熱手套
panghawak ng kaldero

水槽
lababo

刷子
bras

海綿
espongha

攪拌機
blender

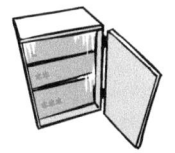

冷藏箱
malalim na freezer

奶瓶
bote ng sanggol

水龍頭
gripo

浴室
palikuran

淋浴
shower
供暖裝置
pampainit
毛巾
tuwalya
浴簾
kurtina sa shower
泡沫浴
bubble bath
浴缸
banyera
玻璃杯
baso
洗衣機
washing machine
水龍頭
gripo
瓷磚
tiles
便壺
arinola
水槽
lababo

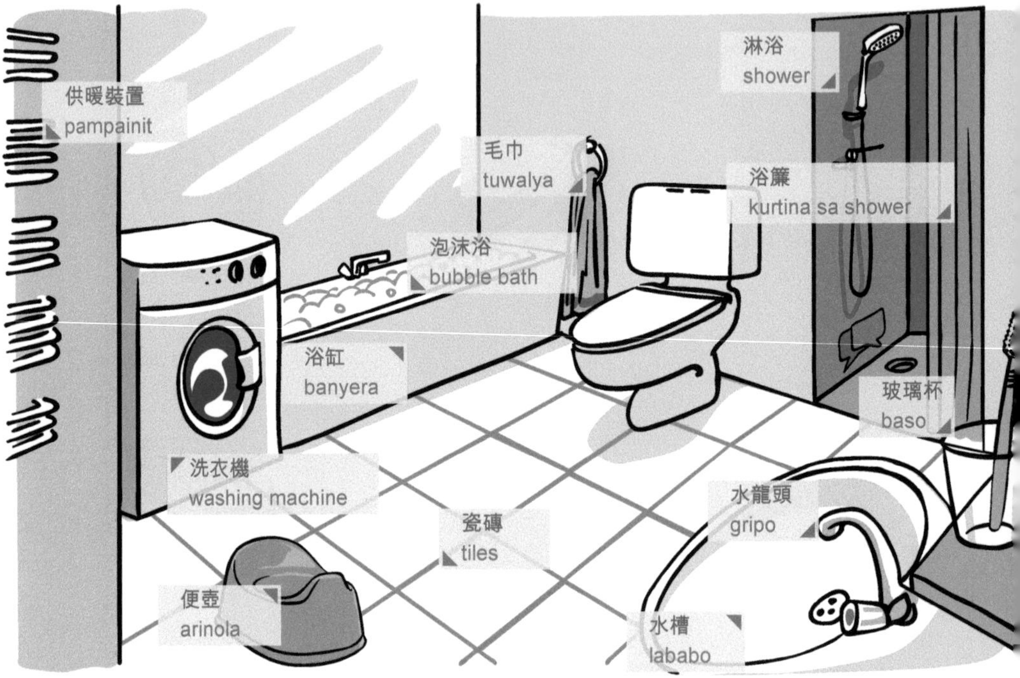

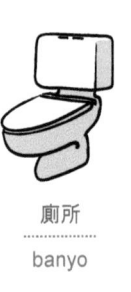

廁所

banyo

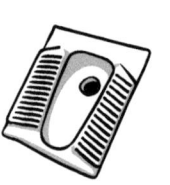

蹲便器

squat toilet

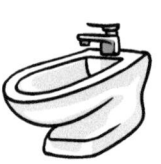

坐浴器

bidet

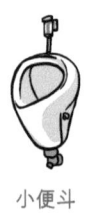

小便斗

ihian

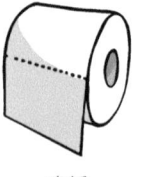

廁紙

toilet paper

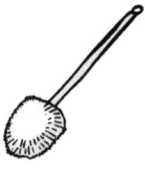

馬桶刷

iskoba sa banyo

牙刷

sipilyo

牙膏

tutpeyst

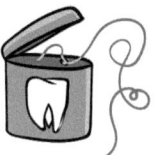

牙線

dental floss

洗

hugasan

手持式蓮蓬頭

shower na hinahawakan

沖洗器

dutsa

洗臉盆

palanggana

洗背刷

bras panlikod

肥皂

sabon

沐浴露

shower gel

洗髮乳

shampoo

法蘭絨

pranela

排水

paagusan

乳霜

krema

除臭劑

deodorant

鏡子

salamin

手鏡

salaming hinahawakan

刮鬍刀

pang-ahit

刮鬍泡沫

bulang pang-ahit

鬍後水

aftershave

梳子

suklay

刷子

brush

吹風機

pantuyo ng buhok

噴髮定型劑

sprey sa buhok

化妝品

makeup

唇膏

lipistik

指甲油

pampakintab ng kuko

化妝棉

bulak na lana

指甲剪

panggupit ng kuko

香水

pabango

洗漱包
washbag

凳子
stool

計重秤
timbangan

浴袍
bata

橡膠手套
gomang guwantes

衛生棉條
tampon

衛生棉
malinis na tuwalya

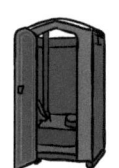

化學廁所
chemical toilet

兒童房

silid ng bata

鬧鐘
alarm clock
毛絨玩具
nayayakap na laruan
玩具車
laruang kotse
撥浪鼓
kuliling
玩具屋
bahay ng manika
禮物
regalo

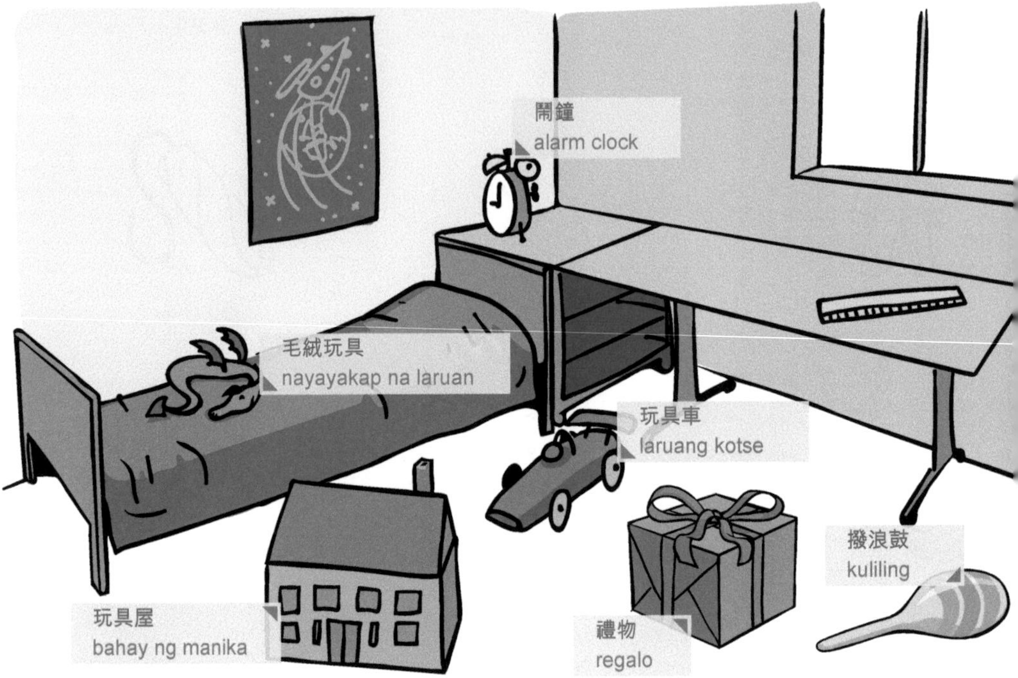

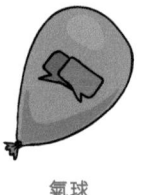

氣球

lobo

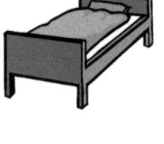

床

higaan

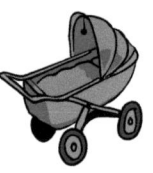

嬰兒車

pram

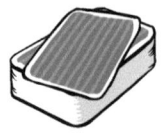

撲克牌

hanay ng mga baraha

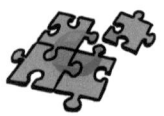

拼圖

jigsaw

漫畫

komiks

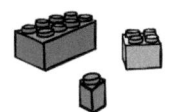

樂高積木
lego bricks

積木玩具
blokeng laruan

公仔
action figure

嬰兒服
paglaki ng sanggol

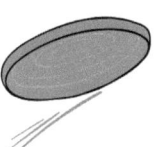

飛盤
frisbee

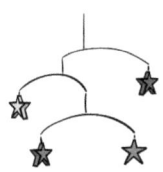

床鈴玩具
mobile

棋盤遊戲
board game

骰子
dice

火車模型
model train set

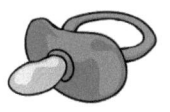

安撫奶嘴
manikin

派對
salu-salo

繪本
aklat ng mga litrato

球
bola

洋娃娃
manika

玩
maglaro

沙坑

tibagan ng buhangin

鞦韆

duyan

玩具

mga laruan

電玩遊戲

video game console

三輪車

traysikel

泰迪熊

teddy bear

衣櫃

aparador

衣服

pananamit

襪子

medyas

長襪

stockings

緊身褲

pampitis

圍巾
bandana

雨傘
payong

T恤
t-shirt

皮帶
sinturon

靴子
bota

拖鞋
tsinelas

運動鞋
sneakers

涼鞋
sandalyas

鞋
sapatos

雨靴
botang degoma

內褲
salawal

胸罩
bra

背心
tsaleko

身體
katawan

褲子
pantalon

牛仔褲
jeans

短裙
palda

女式襯衫
blusa

襯衫
kamiseta

套頭衫
pullover

連帽上衣
panlamig

西裝夾克
blazer

夾克
diyaket

外套
kapa

雨衣
kapote

套裝
kasuotan

連衣裙
bistida

婚紗
damit pangkasal

西裝

terno

睡袍

damit pantulog

睡衣

padyama

莎麗

sari

頭巾

bandana sa ulo

包頭巾

turban

波卡

burka

卡夫坦

kaftan

(阿拉伯式)長袍

abaya

泳衣

panlangoy

男式泳褲

trunks

短褲

salawal

運動服

tracksuit

圍裙

apron

手套

guwantes

鈕扣
butones

眼鏡
salamin

手鏈
pulseras

項鍊
kuwintas

戒指
singsing

耳環
hikaw

便帽
takip

衣架
sabitan ng kapa

帽子
sombrero

領帶
kurbata

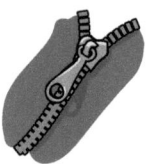

拉鍊
siper

安全帽
helmet

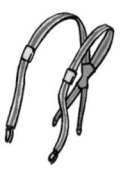

背帶
tirante

校服
uniporme sa paaralan

制服
uniporme

圍兜

bibero

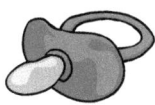

安撫奶嘴

manikin

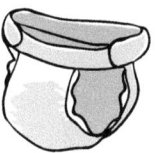

尿布

lampin

辦公室
opisina

檔案櫃
kabinet ng file

伺服器
server

紙
papel

印表機
printer

螢幕
monitor

辦公桌
mesa

滑鼠
mouse

資料夾
polder

鍵盤
keyboard

廢紙簍
basurahan ng papel

椅子
upuan

電腦
kompyuter

咖啡杯

tasa ng kape

計算機

calculator

網際網路

internet

筆記型電腦
laptop

信件
sulat

簡訊
mensahe

行動電話
mobile

網路
network

影印機
photocopier

軟體
software

電話
telepono

插座
saksakan

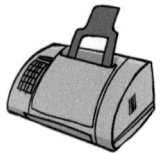

傳真機
fax machine

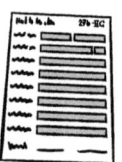

表格
anyo

檔案
dokumento

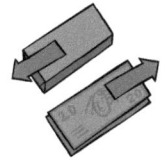

買
bumili

付錢
magbayad

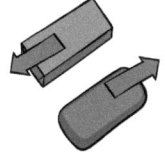

交易
ikalakal

現金
pera

美元
dolyar

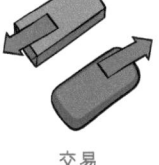

歐元
euro

日元
yen

盧布
rublo

瑞士法郎
swiss franc

人民幣
renminbi yuan

盧比
rupee

提款處
cash point

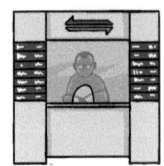

外幣兌換處
tanggapan ng palitan ng pera

金
ginto

銀
tanso

石油
langis

能源
enerhiya

價格
presyo

合約
kontrata

稅金
buwis

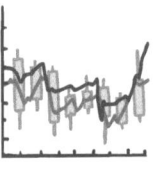

股票
stock

工作
trabaho

職員
empleyado

老闆
taga-empleyo

工廠
pabrika

商店
tindahan

mga trabaho

警官
opisyal ng opisyal

消防員
bombero

廚師
tagapagluto

醫師
doktor

飛行員
piloto

園丁
hardinero

木匠
karpentero

裁縫
mananahi

法官
hukom

化學家
kemiko

演員
aktor

公車司機
tsuper ng bus

計程車司機
tsuper ng taxi

漁夫
mangingisda

清洗女工
tagapaglinis

屋頂工
tagapagkabit ng bubong

服務生
waiter

獵人
mangangaso

畫家
pintor

麵包師
panadero

電工
elektrisyan

建築工人
tagapagtayo

工程師
inhinyero

屠夫
magkakarne

水管工
tubero

郵差
kartero

士兵
sundalo

建築師
arkitekto

收銀員
kahera

花農
magtitinda ng bulaklak

理髮師
manggugupit

售票員
konduktor

機械技師
mekaniko

船長
kapitan

牙醫
dentista

科學家
siyentipiko

拉比
rabbi

伊瑪目
imam

和尚
monghe

牧師
klero

工具

mga kagamitan

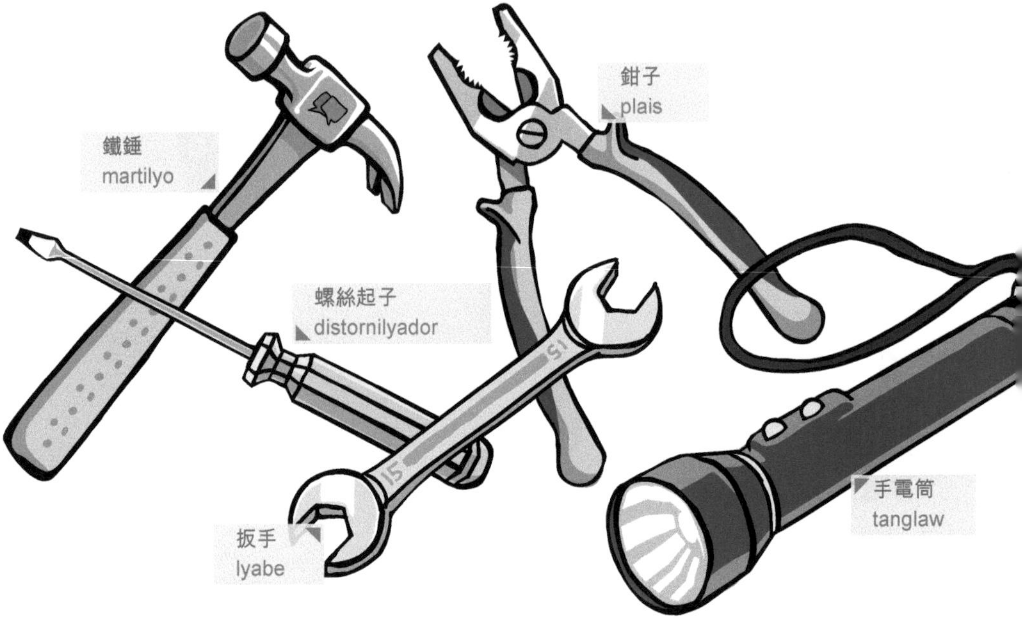

鐵錘
martilyo

鉗子
plais

螺絲起子
distornilyador

扳手
lyabe

手電筒
tanglaw

挖掘機

panghukay

工具箱

toolbox

梯子

hagdan

鋸子

lagari

釘子

mga pako

鑽機

pambutas

修
kumpunihin

鏟子
pala

糟糕！
Kainis!

畚箕
pandakot

油漆桶
palayok ng pintura

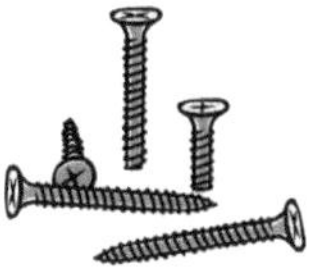

螺絲
mga tornilyo

樂器

mga pangmusikang instrumento

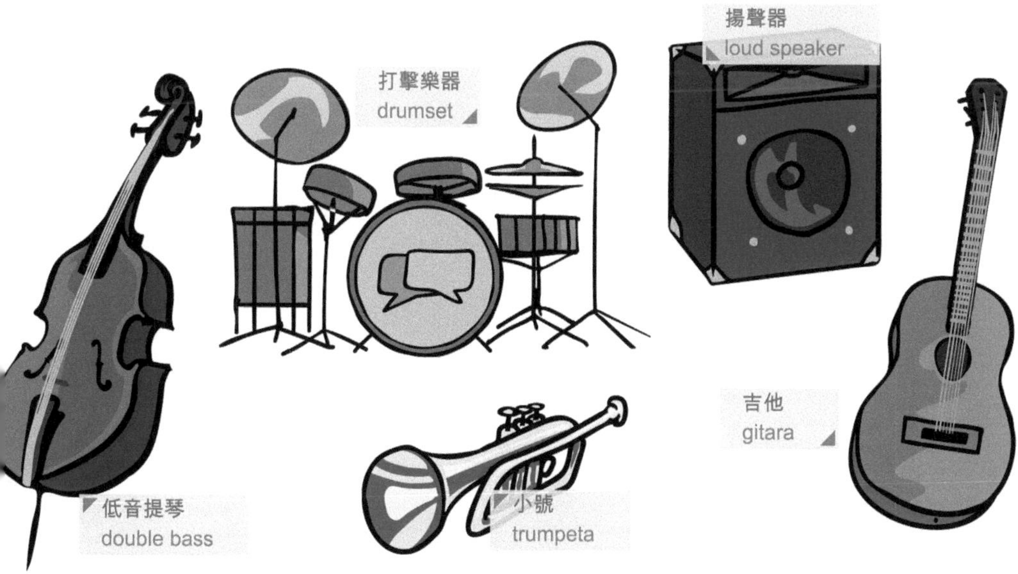

揚聲器
loud speaker

打擊樂器
drumset

低音提琴
double bass

小號
trumpeta

吉他
gitara

鋼琴

piyano

小提琴

biyolin

貝斯

bass

定音鼓

timpani

鼓

mga drum

電子琴

keyboard

薩克斯風

saksopon

長笛

plauta

麥克風

mikropono

動物園

ZOO

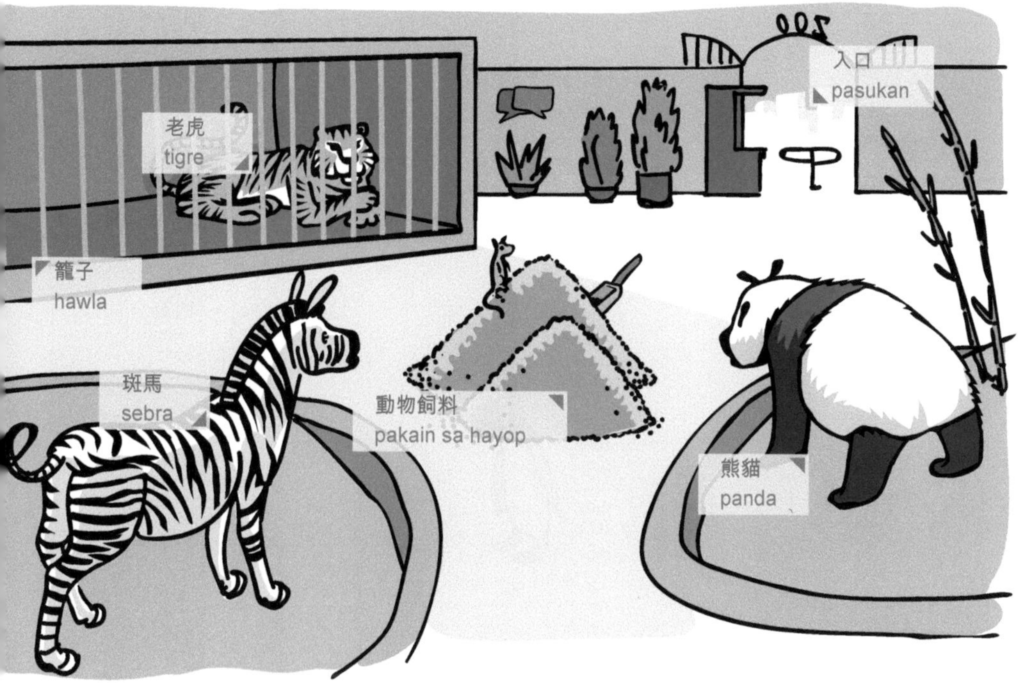

ZOO
入口
pasukan
老虎
tigre
籠子
hawla
斑馬
sebra
動物飼料
pakain sa hayop
熊貓
panda

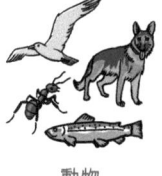

動物

mga hayop

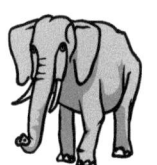

大象

elepante

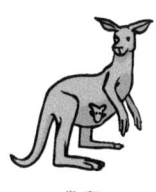

袋鼠

kanggaro

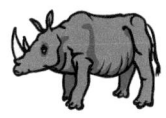

犀牛

rhino

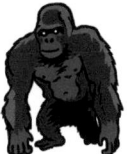

大猩猩

gorilya

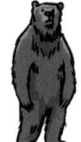

熊

oso

駱駝

kamelyo

鴕鳥

ostrich

獅子

leon

猴子

unggoy

紅鶴

flamingo

鸚鵡

loro

北極熊

polar bear

企鵝

penguin

鯊魚

pating

孔雀

paboreal

蛇

ahas

鱷魚

buwaya

動物園管理員

tagapag-alaga ng zoo

海豹

seal

美洲豹

jaguar

矮種馬
buriko

豹
leopardo

河馬
hipo

長頸鹿
dyirap

老鷹
agila

野豬
bulugan

魚
isda

龜
pagong

海象
walrus

狐狸
soro

羚羊
gasel

橄欖球
Amerikanong putbol

騎腳踏車
pamimisikleta

網球
tennis

籃球
basketbol

游泳
paglalangoy

拳擊
boksing

冰球
ice-hockey

美式足球
soccer

羽毛球
badminton

田徑
atletiks

手球
handball

滑雪
skiing

馬球
polo

跳
tumalon

擁抱
yakapin

笑
tumawa

走路
lumakad

唱
kumanta

做夢
mangarap

祈禱
magdasal

親吻
halikan

書寫
sumulat

畫
gumuhit

展示
ipakita

推
itulak

給
magbigay

拿
kunin

有
magkaroon

做
gawin

當
maging

站
tumayo

跑
tumakbo

拉
hilahin

丟
itapon

摔倒
malaglag

躺
mahiga

等待
hintayin

攜帶
dalhin

坐
umupo

穿衣
magbihis

睡覺
matulog

醒來
gumising

看
tumingin

哭
umiyak

擊
estilo

梳頭
magsuklay

交談
magsalita

明白
intindihin

問
magtanong

聽
makinig

喝
uminom

吃
kumain

清理
linisin

愛
mahal

做飯
magluto

開車
magmaneho

飛
lumipad

航行

maglayag

計算

kalkulahin

讀

basahin

學習

matuto

工作

trabaho

結婚

pakasalan

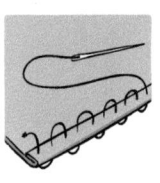

縫

tahiin

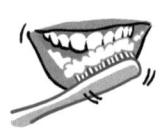

刷牙

magsipilyo ng ngipin

殺

patayin

抽菸

manigarilyo

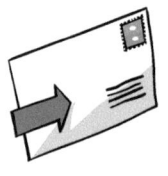

寄

magpadala

家
pamilya

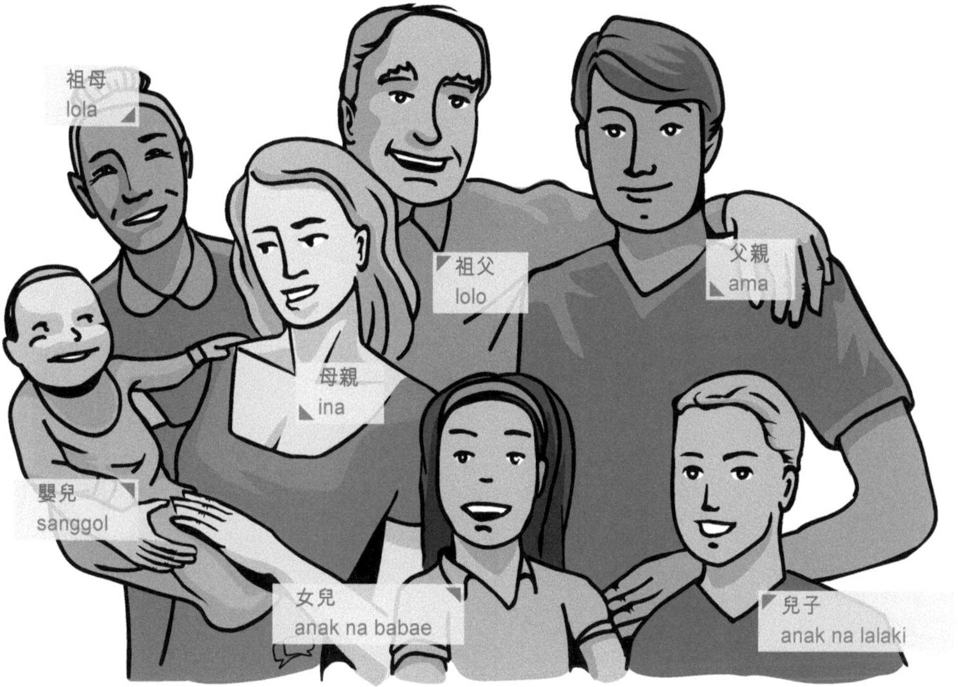

祖母
lola
祖父
lolo
父親
ama
母親
ina
嬰兒
sanggol
女兒
anak na babae
兒子
anak na lalaki

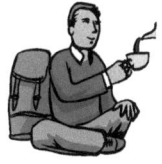

客人

panauhin

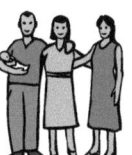

阿姨

tiya

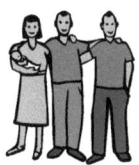

叔叔

tiyo

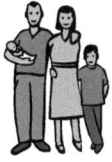

兄弟

kuya

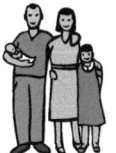

姐妹

ate

身體
katawan

前額
noo
眼睛
mata
肩膀
balikat
手指
daliri
臉
mukha
下巴
baba
手
kamay
腿
binti
乳房
suso
手臂
bisig

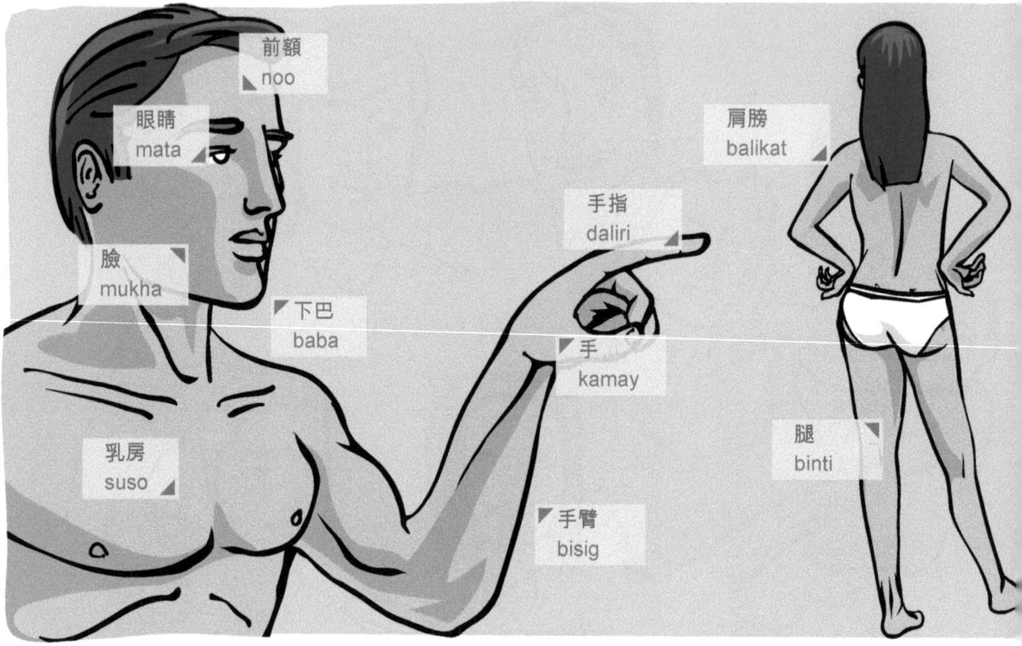

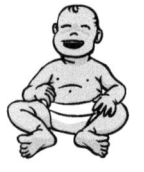

嬰兒

sanggol

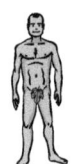

男人

lalaki

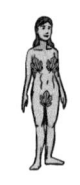

女人

babae

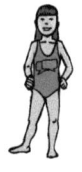

女孩

batang babae

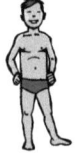

男孩

batang lalaki

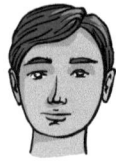

頭

ulo

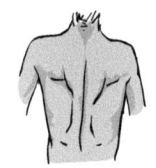

背部
likod

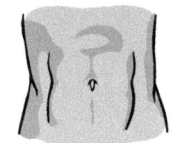

肚子
tiyan

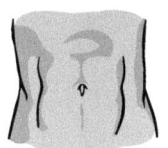

肚臍
pusod

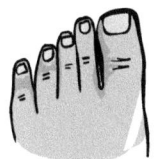

腳趾
daliri ng paa

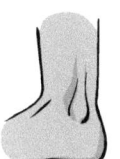

腳後跟
takong

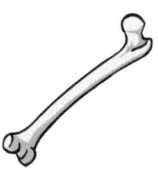

骨頭
buto

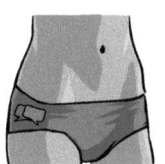

臀部
balakang

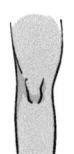

膝蓋
tuhod

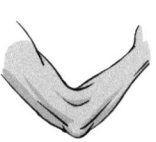

手肘
siko

鼻子
ilong

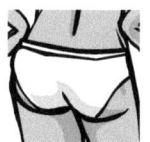

屁股
gitna

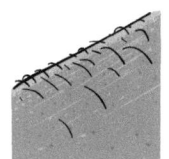

皮膚
balat

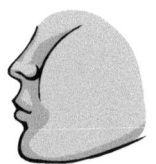

臉頰
pisngi

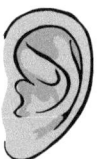

耳朵
tainga

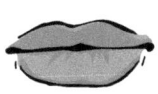

嘴唇
labi

嘴
bibig

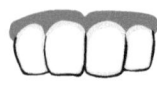

牙齒
ngipin

舌頭
dila

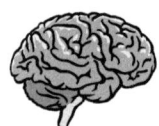

腦
utak

心臟
puso

肌肉
kalamnan

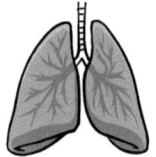

肺
baga

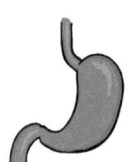

肝臟
atay

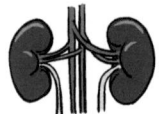

胃
sikmura

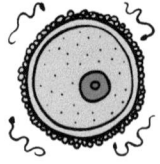

腎臟
mga bato

性交
pagtatalik

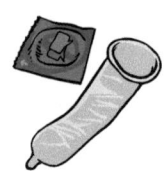

保險套
kondom

卵子
obyum

精子
semen

懷孕
pagbubuntis

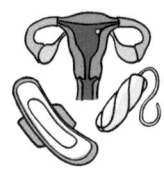

月事
....
pagreregla

陰道
....
vagina

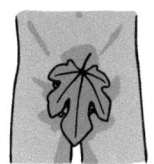

陰莖
....
ari ng lalaki

眉毛
....
kilay

頭髮
....
buhok

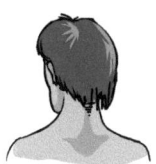

脖子
....
leeg

醫院
ospital

醫院
ospital

急救車
ambulansiya

輪椅
wheelchair

骨折
bali

醫師
doktor

急診室
silid pang-emergency

護理師
nars

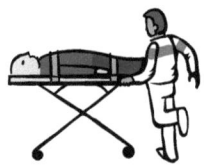

緊急情形
emerhensiya

昏迷
walang malay

痛
pananakit

受傷

pinsala

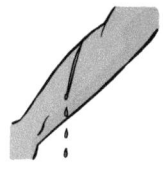

出血

nagdurugo

心臟病發作

atake sa puso

中風

atake serebral

過敏

alerdye

咳嗽

ubo

發燒

lagnat

流感

trangkaso

腹瀉

pagdudumi

頭痛

sakit ng ulo

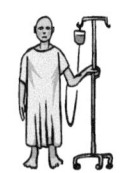

癌症

kanser

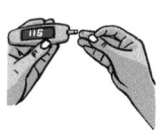

糖尿病

diyabetis

外科醫師

siruhano

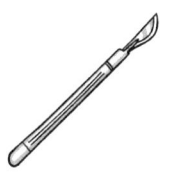

手術刀

iskalpel

手術

operasyon

電腦斷層掃描
CT

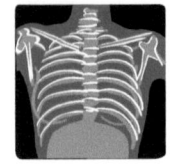

X光
x-ray

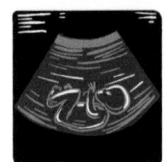

超音波
ultrasound

口罩
maskara sa mukha

疾病
sakit

候診室
silid-antayan

拐杖
saklay

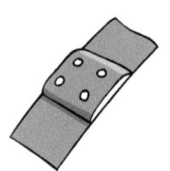

石膏
plaster

繃帶
benda

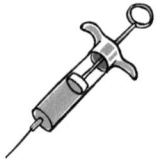

注射
iniksyon

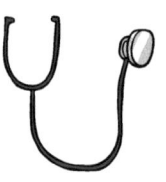

聽診器
istetoskopyo

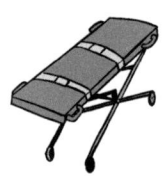

擔架
estretser

體溫計
klinikal na termometro

出生
pagsilang

超重
labis sa timbang

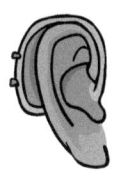

助聽器
hearing-aid

消毒液
pang-disimpekta

感染
impeksyon

病毒
bayrus

愛滋病
HIV / AIDS

藥物
medisina

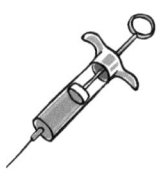

接種疫苗
bakuna

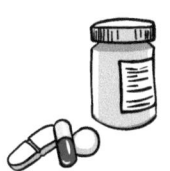

藥片
mga tableta

藥丸
tabletas

急救電話
emergency na tawag

血壓計
pagmamatyag sa presyon ng dugo

生病/健康
may sakit / malusog

救命！

Tulong!

警報

alarma

突擊

asulto

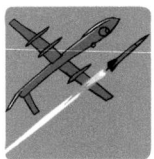

攻擊

atake

危險

panganib

緊急出口

labasang pang-emergency

失火了！

Sunog!

滅火器

fire extinguisher

意外

aksidente

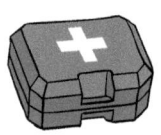

急救箱

kagamitan sa paunang
lunas

呼救訊號

SOS

員警

pulis

歐洲

Europa

北美洲

Hilagang Amerika

南美洲

Timog Amerika

非洲

Aprika

亞洲

Asya

澳洲

Australia

大西洋

Atlantika

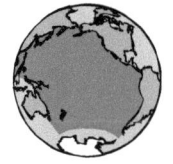

太平洋

Pasipiko

印度洋

Dagat Indiano

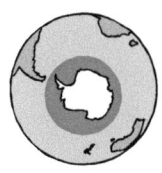

南冰洋

Dagat Antarktika

北冰洋

Dapat Arktika

北極

Hilagang polo

南極

Timog polo

南極洲

Antartika

地球

mundo

陸地

lupa

海

dagat

島

isla

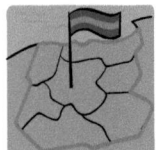

國家

bansa

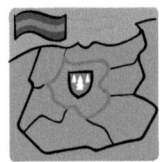

州

estado

錶盤

mukha ng orasan

時針

orasang kamay

分針

minutong kamay

秒針

segundong kamay

現在幾點？

Anong oras na?

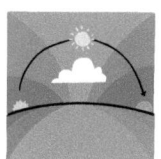

天

araw

時間

oras

現在

ngayon

電子錶

digital na relo

分

minuto

時

oras

linggo

週一
Lunes

MO

W 週三
Miyerkules

週五
Biyernes

FR

TU

TH

SA

週六
Sabado

SO

週二
Martes

週四
Huwebes

週日
Linggo

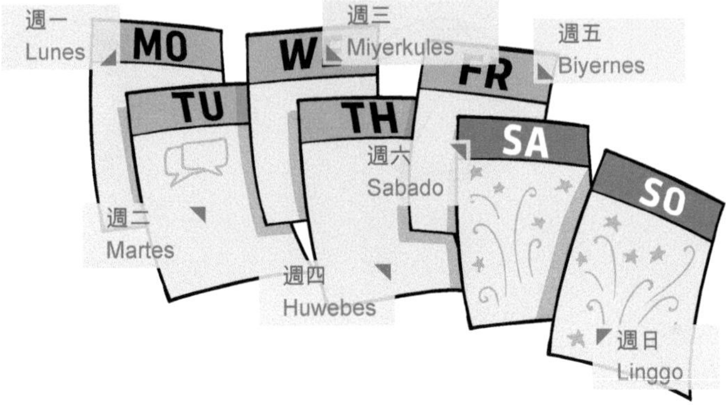

昨天
kahapon

今天
ngayon

明天
bukas

早晨
umaga

中午
tanghali

晚上
gabi

MO	TU	WE	TH	FR	SA	SU
1	2	3	4	5	6	7
8	9	10	11	12	13	14
15	16	17	18	19	20	21
22	23	24	25	26	27	28
29	30	31	1	2	3	4

工作日
mga araw ng negosyo

MO	TU	WE	TH	FR	SA	SU
1	2	3	4	5	6	7
8	9	10	11	12	13	14
15	16	17	18	19	20	21
22	23	24	25	26	27	28
29	30	31	1	2	3	4

週末
katapusan ng linggo

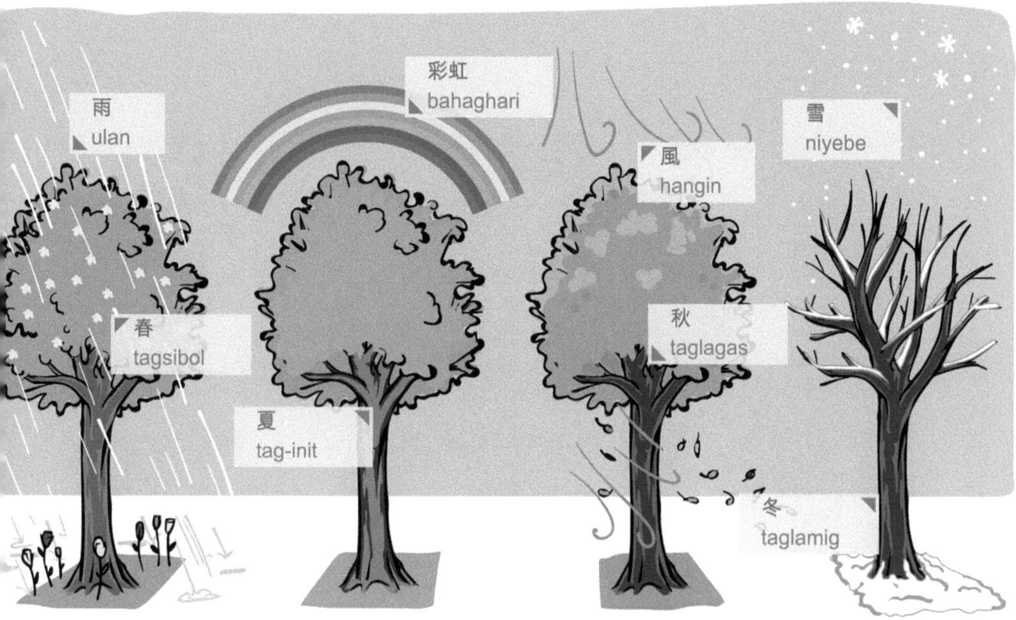

雨
ulan

彩虹
bahaghari

風
hangin

雪
niyebe

春
tagsibol

夏
tag-init

秋
taglagas

冬
taglamig

天氣預告

lagay ng panahon

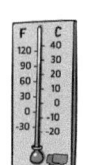

溫度計

termometro

陽光

sikat ng araw

雲

ulap

霧

hamog

潮濕

kahalumigmigan

閃電

kidlat

打雷

kulog

風暴

bagyo

冰雹

may yelong ulan

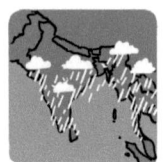

季風

tag-ulan

洪水

pagkain

冰

yelo

一月

Enero

二月

Pebrero

三月

Marso

四月

Abril

五月

Mayo

六月

Hunyo

七月

Hulyo

八月

Agosto

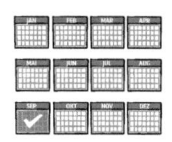

九月

Setyembre

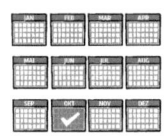

十月

Oktubre

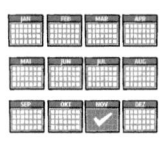

十一月

Nobyembre

十二月

Disyembre

形狀

mga hugis

圓形

bilog

正方形

parisukat

長方形

rektanggulo

三角形

tatsulok

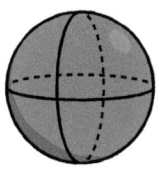

球體

pabilog

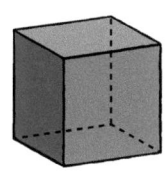

立方體

kyub

顏色

mga kulay

白
....
puti

黃
....
dilaw

橙
....
kahel

粉
....
rosas

紅
....
pula

紫
....
ube

藍
....
asul

綠
....
berde

棕
....
brown

灰
....
grey

黑
....
itim

很多/少許

marami / kakaunti

生氣/平靜

takot / kalmado

美/醜

maganda / pangit

首/尾

simula / katapusan

大/小

malaki / maliit

明/暗

matingkad / madilim

兄弟/姐妹

kuya / ate

乾淨/骯髒

malinis / madumi

完整/缺失

kumpleto / kulang

白天/晚上

araw / gabi

死/生

patay / buhay

寬/窄

malawak / makipot

可食用/非食用

nakakain / hindi nakakain

邪惡/善良

masama / mabuti

興奮/無聊

nakakatuwa / nakakainip

胖/瘦

mataba / payat

第一/最後

una / huli

朋友/敵人

kaibigan / kaaway

滿/空

puno / walang laman

硬/軟

matigas / malambot

重/輕

mabigat / magaan

餓/渴

gutom / uhaw

生病/健康

may sakit / malusog

非法/合法

ilegal / legal

聰明/愚笨

matalino / tanga

左/右

kaliwa / kanan

近/遠

malapit / malayo

新/舊

bago /gamit na

沒有/有些

wala /mayroon

老/幼

matanda / bata

開/關

naka-on / naka-off

打開/闔上

bukas / sarado

安靜/吵鬧

tahimik / maingay

富/窮

mayaman / mahirap

對/錯

tama / mali

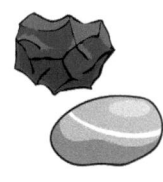

粗糙/光滑

magaspang / makinis

傷心/高興

malungkot / masaya

短/長

maikli / mahaba

慢/快

mabagal / mabilis

濕/乾

basa / tuyo

溫暖/涼爽

maligamgam / malamig

戰爭/和平

digmaan / kapayapaan

0

零

sero

1

一

isa

2

二

dalawa

3

三

tatlo

4

四

apat

5

五

lima

6

六

anim

7

七

pito

8

八

walo

9

九

siyam

10

十

sampu

11

十一

labing-isa

12

十二
labindalawa

13

十三
labintatlo

14

十四
labing-apat

15

十五
labinlima

16

十六
labing-anim

17

十七
labimpito

18

十八
labing-walo

19

十九
labinsiyam

20

二十
dalawampu

100

百
daan

1.000

千
libo

1.000.000

百萬
milyon

英語

Ingles

美式英語

Amerikan na Ingles

普通話

Tsinong Mandarin

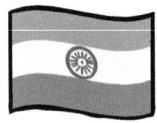

印地語

Hindi

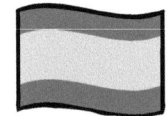

西班牙語

Espanyol

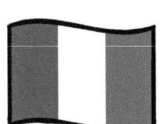

法語

Pranses

阿拉伯語

Arabe

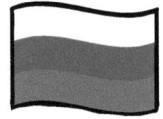

俄語

Ruso

葡萄牙語

Portuges

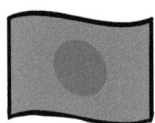

孟加拉語

Bengali

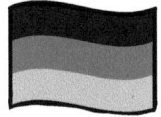

德語

Aleman

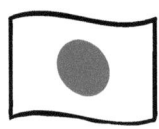

日語

Hapon

我

ako

你

ikaw

他/她/它

siya / siya / ito

我們

kami

你們

ikaw

他們

sila

誰？

sino?

什麼？

ano?

如何？

paano?

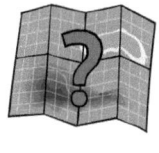

何處？

saan?

何時？

kailangan?

名字

pangalan

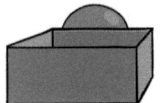

後面

likuran

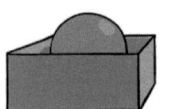

裡面

saan

前面

sa harap ng

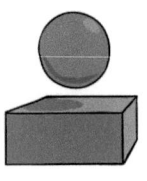

上方

itaas

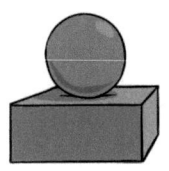

上面

sa

下麵

ilalim

旁邊

katabi

中間

pagitan

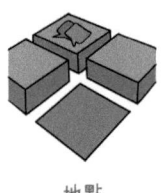

地點

lugar